CB055420

© 2024, Beto Furquim

Todos os direitos desta edição reservados
à Laranja Original Editora e Produtora Eireli
Rua Isabel de Castela, 126 – Vila Madalena
São Paulo – SP – CEP 05445-010
contato@laranjaoriginal.com.br

www.laranjaoriginal.com.br

edição Germana Zanettini
ilustrações Mauricio Negro
projeto gráfico Negro Design Studio
diagramação Eduardo Okuno
produção executiva Bruna Lima
fotografia do autor Denise Vieira Ieno

Texto revisado conforme o Novo Acordo Ortográfico da Língua Portuguesa.

Dados Internacionais de Catalogação na Publicação (CIP)
(Câmara Brasileira do Livro, SP, Brasil)

Furquim, Beto
    Mascavo : poemas, palíndromos, longilogismos e uma canção / Beto Furquim ; ilustrações Mauricio Negro. -- 1. ed. -- São Paulo : Editora Laranja Original, 2024.

    ISBN 978-85-92875-74-9

    1. Poesia brasileira I. Negro, Mauricio. II. Título.

24-210802   CDD-B869.1

Índices para catálogo sistemático:
1. Poesia : Literatura brasileira B869.1
Tábata Alves da Silva - Bibliotecária - CRB-8/9253

tua mão
nunca esfriará

jamais
opaco o olhar

pode deixar:
a renda portuguesa
estará sempre verde

seguirei
atrás de um sabor
de um vento na cara

para marisa, minha mãe

agradeço

a confiança do amigo Fi Moreau,
que topou fazer esse livro "na planta";

a paciência e as sugestões precisas
da querida editora poeta Germana Zanettini;

a leitura generosa da amiga poeta Beatriz Di Giorgi;

o apoio sempre entusiasmado e carinhoso
da tão amada Denise, chão, flor e brisa da poesia.

BETO FURQUIM

MAS CAVO

POEMAS, PALÍNDROMOS, LONGILOGISMOS E UMA CANÇÃO

ILUSTRAÇÕES
MAURICIO NEGRO

APRESENTAÇÃO
BETO POR ZÉ

eu o vi pela primeira vez na banda de suzana salles
garoto guitarrista com silhueta de poeta
tocando altivo e olhando com brilho
para algum ponto mais alto do que o palco e a plateia
altivo e leve sem orgulho nem presunção
altivo sem afetação nem salto alto
no palco
como se mirasse já
a invisível estrela da manhã *numa torre no meio das nuvens*
que desaparecesse *sem deixar nem ao menos perfume*
num céu que fosse *o avesso do mar*

por sinal
somos vizinhos de alma no mar de almada
e não precisamos nem nos ver na praia
para saber disso

também conheço *a curva da areia* do puruba
o *maremoto* também já me *decifrou* e me *devolveu*
já *morri, cresci, nasci,*
e *estou aqui*

tudo isso bebo
como um bebê novo
na pós-poesia
de beto furquim

pós-poesia é sol / a pino / e solo / esgotado
diz ela sobre ela mesma e o estado das coisas
mas *nem tudo fracassará*:
nos escombros ainda encontrarão
hermeto fazendo um som
(a *pulsão da matéria*
que ressalta música e poesia
bach e *joão cabral*
guia *seu desejo*
sem pecado e sem perdão)

poesia não se prefacia
poesia se professa
poesia se prova
poesia se oferece

a de beto furquim
brinquedo sério
me deixa livre da poesia
do fardo e do fardão
de todas as academias

o poeta arquiteta
faz, destrói e refaz
até ficar exausto
(engraçado, não parece)

o último poema
mascavo
vai sem dó
ao fundo
do cafundó
da culpa
do medo
do *corpo sem rabo*
do *rabo sem corpo*
da lagartixa
cotó

masca o açúcar amargo
do coração tenebroso
da escravidão
em nós

mais não digo

que o diga o voo
do palíndromo
cujas asas
me
soam
sábias

josé miguel wisnik

SUMÁRIO

12 OBOÉ
14 morri
15 faróis na cara
16 maremoto
20 poesia é a última entranha
21 puruba

24 GUITARRA
26 paisagem
27 periculosidade
28 pós-poesia
29 é tempo
30 de maldizer
32 nem tudo fracassará

34 PAUSA
36 não mais se arrisca na rocha quente
37 bloco b
38 o poema não sai
40 não é banal
41 fresta na florquestra

42 TABLA
44 o que teríamos sido?
45 muda
49 olhos também se beijam
50 translúcidos
51 o morro é de barro

54 SINTETIZADOR
56 mente ri
57 levavalarvalapalavralavavel
58 atam o animal
59 saibas
60 livres eram os ares
62 amortemorrecompoemanancial
63 entusiasmo

64 CÍTARA
66 espreita
67 este abraço
68 concretamente
69 desperto adormecido
70 vamos velejar?
71 mão na mão

74 CUÍCA
76 sextantes
77 antes da coragem
78 samba do olimpo
80 assembleia
82 mascavo

OBOÉ

morri

pertenço ao nada
morri, ninguém sou já
morri num baque seco
morri e mal senti

morri tão de repente
morri mas não parei
morri, nem lembro o dia
morri e estou aqui

morri, foi mais que um sonho
morri, cresci, nasci
morri, tudo ao contrário
morri, mas e daí?

faróis na cara

nada me para
o que é matar o desejo?

esquivo entre escarpas
arames e farpas
o que é matar o desejo?

amordaço os escrúpulos
com a fibra dos músculos
o que é matar o desejo?

miro o retrovisor
clamo ao condutor
o que é matar o desejo?

maremoto

fui ao mar
e voltei homem
vi a vida por detrás

mar espelho maremoto
mar ventura, mar desgraça
é inútil relutar
o mar não passa

mar das algas e águas-vivas
dos bivalves, garças, polvos
dos sargaços e belugas
tartarugas, tubarões
ostras, lulas e lagostas
gaivotas, tatuís
dos atuns e dos badejos
caranguejos-ermitões
das enguias e pinguins
dos ouriços, das moreias
dos marujos e dragões
camarões e caramujos
das sereias e naufrágios
dos escravos nos porões

fui ao mar
em precipício
e o mar me devolveu

mar espelho maremoto
mar ventura, mar desgraça
é inútil relutar
o mar não passa

mar de gregos e espartanos
de malaios, peruanos
de fenícios, lusitanos
dos caymmis mais baianos
caiçaras, guaranis

fui ao mar
só tive tempo
de salvar o meu nariz

mar espelho maremoto
mar ventura, mar desgraça
é inútil relutar
o mar não passa

suco secular de seiva fosca
sangue, muco, urina, pus
esgoto, esperma
mar que anima
e aniquila

    fui ao mar
    goela abaixo
    era o mar, não era eu

mar espelho maremoto
mar ventura, mar desgraça
é inútil relutar
o mar não passa

convite onírico ao além
seio e colo, surdo e caixa
do rugir que vem e vem
e vem e vem e mais e sempre
reafina meu silêncio

mar parceiro
trapaceiro
arremessa no rochedo

fui ao mar
estava morto
e o mar me decifrou

mar arisco, mar degredo
mar espesso, mar vermelho
ova e cova do salmão

pentagrama colossal
abissal, água e sal
que solfejo com os pés

mar dilui, mar tempera
mar te inclui, mar te espera
mar te flui, mar te esfera

    fui ao mar
    tive coragem
    de dizer
    agora
    não

poesia é a última entranha

estranha a mim e a si mesma
resma sem verso nem míngua
língua estrangeira que falo
meu falo, meu digo, meu nego
é o cego que guia meu sonho
desenho que traço e não vejo
desejo que vem e se jorra

puruba

      dia claro, noite escura
      escura noite, claro dia

cavo a barra, furo a onda
carrego tocos de pau
levo em troca caracóis
quebro o lodo em maresia
pingo sal na lama pura

      dia claro, noite escura
      escura noite, claro dia

é o rio que murmura
água zune, bate e chia
lembra a língua, diz a voz
traz o sino do cristal
todo canto se arredonda

    dia claro, noite escura
    escura noite, claro dia

na mira da embaúba
pulo num jorro frio
caio no vão da serra
escorro dentro da mata
sigo a curva da areia

    dia claro, noite escura
    escura noite, claro dia

gota a gota, se encadeia
mal desata, já reata
lava o mar, sacia a terra
sopra a reza, o assobio
é a conversa do puruba

    dia claro, noite escura
    escura noite, claro dia

GUITARRA

paisagem

brasil é o nome do pau
vermelho, ceifado
hoje capim
cupim

periculosidade

letras que
juntas
dão vontade de socar
quem as juntou

tornam essa profissão
um perigo

pós-poesia

só sopra o eco

piso
passo
peso

no oco gigante do tempo aberto
a rua
vazia

pós-poesia é sol
a pino
e solo
esgotado
só cavo
no pó do osso do pé do poço
sem telha

na minha bateia
areia

pós-poesia a rima é podre
a lua é podre
o revólver sempre foi podre
a crina, o coldre

apodreço
o suor engordurado grudado
no pelo podre do meu cavalo

é tempo

de afiar o dente
de jogar a roupa
de pagar a falta
de lavar a planta
de regar o choro
de mudar a faca
de sentir a conta
de escovar o lixo
de secar a vida
de tocar a louça

é tempo
de regar a faca
de escovar a vida
de mudar o dente
de jogar a louça
de secar a conta
de sentir o lixo
de tocar o choro
de pagar a planta
de lavar a falta
de afiar a roupa

de maldizer

você é chorume
caldo de pilha velha
abutre, hiena
tênia, peste, praga
muriçoca noite afora
ameba na maionese
coliforme fecal
o puro asco desentranha
este ronco grotesco
em língua rupestre:
"woergh!"
(vomito você!)

escapamento furado
mercúrio que não sai mais do rio
esgoto de chernobyl
vírus mutante
lixo cósmico
bomba de efeito moral
morteiro, bazuca
desfolhante laranja
mina por detonar
entre os vermes da terra
tudo que estupra, ofende
irrita, fere, dói

o pleno ar dos pulmões
troveja este urro:
"woergh khae!"
(vomito você bem longe!)

modelo de rancor
estupidez e mesquinharia
condenação à vasta, cruel
irreversível miséria
fracasso da civilização
suicídio da sociedade
símbolo ainda pior
que os fatos

do fundo da gruta
defenestro o enxofre
e vocifero o rugido gutural:
"woergh khae oyghar!"
(vomito você bem longe
e até nunca mais!)

nem tudo fracassará

nos escombros ainda encontrarão
hermeto fazendo um som

PAUSA

não mais se arrisca na rocha quente

nem se equilibra no pé de fruta
sem mais vigília pra ver a lua
só faz no tempo
um gesto quieto
amor doente
de tanta cura

bloco b

me preparo
para a perda
sem perda:
como se a própria
pedra
do prédio
que depredo
contivesse
uma parede
bifurcada

um abrigo

algum secreto
bloco b

o poema não sai

a padaria acende
no primeiro galo
ou no último bêbado

o poeta ouve cada rumor

o vapor escoa das tramas
molda reentrâncias
e paredes firmes
dentro do que não era nada
só farinha úmida

o poeta completa o que não ouve

o pão estrala por fora
à menor indelicadeza
está pronto

o poema borbulha demais
esturrica, embatuma

os pães vão saindo
ao batuque das vozes

o poeta amarrota
esmigalha o poema

o padeiro torce as bordas
do papel
confina o pão quente
e seu aroma
num balão branco

o poeta remastiga
o poema amanhecido

o pão
coração do pacote
lateja na rua

o poeta arquiteta
faz, destrói e refaz
até ficar exausto
as galerias
as entrecâmaras
do poema

o organismo do poeta
arranca do pão
137 calorias

não é banal

a pulsão da matéria
seu desejo
ressalta tanto em bach
quanto em joão cabral

fresta na florquestra

solo do uirapuru
sem um gesto da maestra

TA
BLA

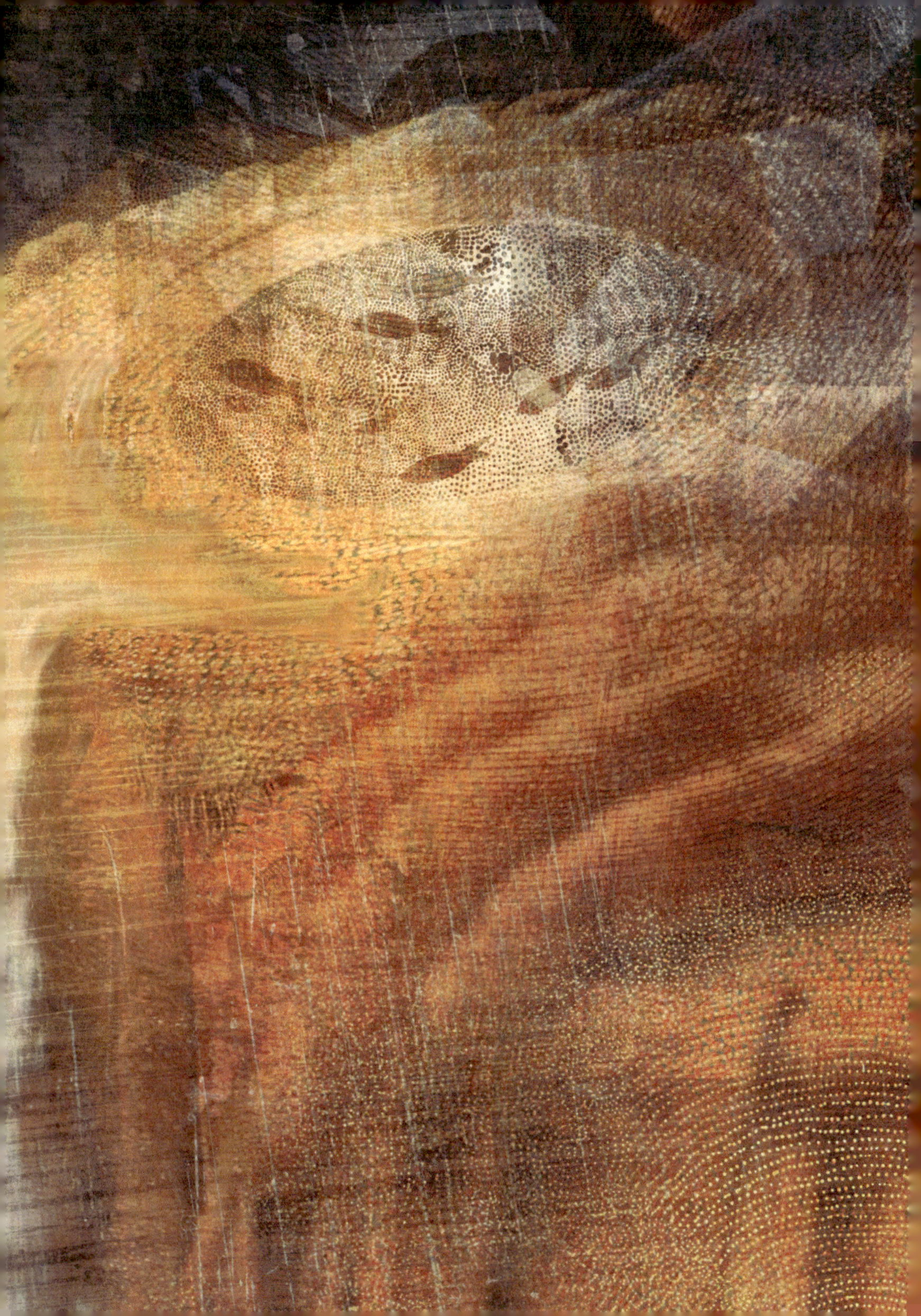

o que teríamos sido?

belo livro de sebo
placebo
sabor?

dia desimportante
durante
o terror?

um tecido de seda
alameda
pudor?

uma foto atrevida:
sou frida
e o senhor?

cada pá do moinho
o caminho
o motor?

um casal carcomido
de amido
e de amor?

muda

ó, vento que me fustiga
leva em tua barriga
meu perfume

ó, sol que me dá viço
vamos logo com isso
cuida que ela saiba

dai notícia de mim;
deste ermo confim;
do que vou contar:

no auge da dor aguda
ela me disse: "muda!"
virei-me e parti

fui direto pra longe
fui mendigo, fui monge
clandestino, ermitão

tantas léguas a esmo
e só dava no mesmo
exaurido, chorei

sem querer, sem humor
reparei numa flor
tudo em volta sumiu

reguei o jasmim
montei um jardim
nada me detinha

plantei uma relva
depois uma selva
esqueci minha dor

cada broto que abria
me desembrutecia
abrandava meu ser

mergulhei nessa escolha:
criei galho e folha
fiz fibras na terra

não houve nem espanto
já que eu queria tanto
me tornei cajueiro

a imobilidade
de manhã, noite e tarde
quase me enlouqueceu

mas, seiva vai, seiva vem
fui me sentindo bem
me deixei vegetar

hoje sou mais constante
e o sol me garante
quase tudo que importa

no meu lar sem parede
a chuva mata a sede
e o vento me agita

pode vir a enxurrada
o estio, a geada
estou forte e em paz

já não sofro aflições
nem o frio das paixões
só saudade

por isso eu apelo
ao sol amarelo
e ao vento que ajudem

transportem a carta
por dublin, jakarta
até os pés do meu bem

quero que ela queira
virar pitangueira
aqui perto de mim

se aceitar o convite
não haverá quem evite
o que iremos fazer

pouco a pouco já vamos
enlaçar nossos ramos
ter veio comum

o enxerto profundo
vai dar a este mundo
nossa pitanju

meu aroma e o seu
julieta, romeu
tudo num só fruto

e o melhor de tudo
é o amor surdo e mudo
embebido de orvalho

**olhos
também se
beijam**

e fazem amor
e tateiam e farejam
e se lambem
e se ouvem
como enfim
ouviu
beethoven

translúcidos

não filha
filho nada
luz no espelho estilhaçada

filme da filho
nome do filha
a memória é armadilha

filho minha
filha meu
a família transcorreu

olho e falho
velho, ilha
mal esguelho a maravilha

nossas crias
filharada
ultrapassam a estrada

o morro é de barro

derruba o barranco
arranca o barraco
arrasta no tranco

naufraga o turbante
o atabaque flutua
as vozes vão surdas
na beira da rua

pinote se enfia
no fundo da lama
fareja domingos
ainda na cama

    se um ia, o outro ia
    no bar, no terreiro
    perdesse o que fosse
    pinote primeiro

foi coisa ligeira
na boca do dia
perfume e cachaça
sonhava e sorria

violeta admira
domingos gigante
tocando atabaque
de bata e turbante

esguicha na fresta
janela corisca
castiga o telhado
pinote nem pisca

no rio vermelho
avental de garçom
serve a violeta
que sorriso bom!

ribomba na guia
afoga o bueiro
esconde a calçada
desaba o coqueiro

na brisa da orla
aos risos e goles
pinote e o casal
alegres e moles

descamba a ladeira
despeja a cascata
navega a sacola
batuca a sucata

    alcança o muquifo
    no vinco do morro
    estufa o colchão
    abraça o cachorro

violeta vidrada
na surra da chuva
no fundo do turvo
se sabe viúva

SINTETIZADOR

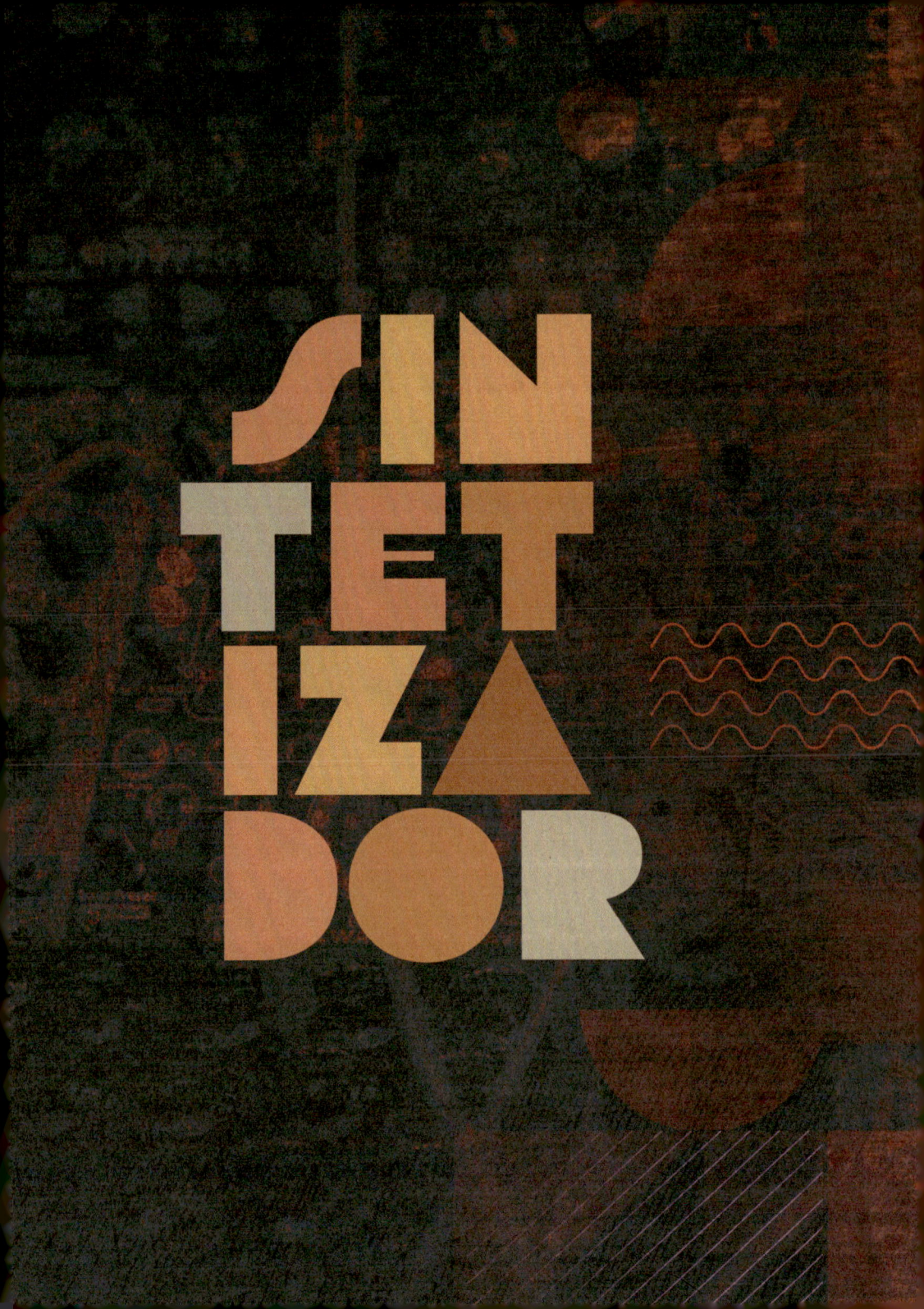

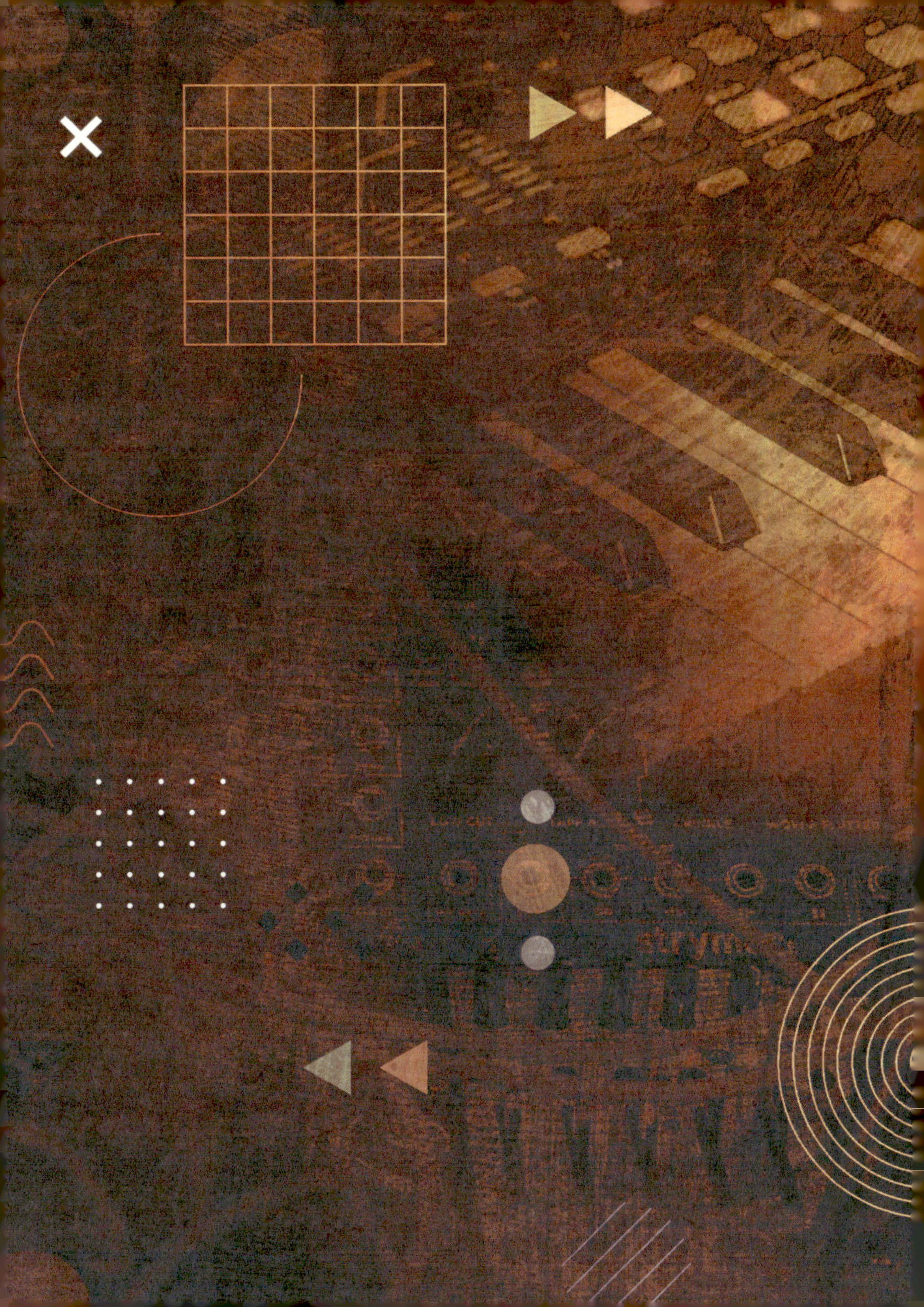

mente ri

ideogramavastomartinindo**lente**n**de**s**tela**rgamentediadorim
video**amavas**to**martini**ndolentendestelargamentediadorim
videogramavastomartinindol**entendeste**largamente**diadorim**
videogramavastomartinindolentendestelargamentediadorim
videogramavastomartinindolentendestelarga**mente**diadorim
videogramavastomartinindolentendestelargamentediado**ri**m
videogramavas**tomar**tinind**ole**n**deste**largamentediadorim
videogramavastomartinindolentendestelar**game**ntediadorim
videogramavas**tom**ar**tinindo**lentendestelargamentediadorim
videogramavastomartinindolen**tende**s**telargamente**dia**a**dorim
videogramavastoma**vasto**martinindolentend**estelar**gamentediadorim
videogramavastomartin**indolente**ndestelargam**entediado**rim
videogramavastomartinindolentendestelargamente**dia**dorim
vi**de**o**grama**vastomartinindolentendestelargamentediadorim
videogramavastomartinindolentendestelargamentediadorim
videogramavasto**mar**tinindolentendestelargamentediadorim
videogramavastomartinin**indo**lentendestelargamentediadorim
videogramavastomartinindolen**te**ndestelargamentediadorim
videogramavastomartinindolentendeste**larga**mentediadorim
videogramavastomartinindolentendestelargamentedia**dor**im
videogramavastomartinindolentendestelargamentediadorim
videogramavastomartinindolentendestelarga**mente**diado**ri**m

levavalarvalapalavralavavel

atam × mata
lámina × animal

saibas
mãos
em
asa
me
soam
sábias

livres eram os ares

será só maré servil?

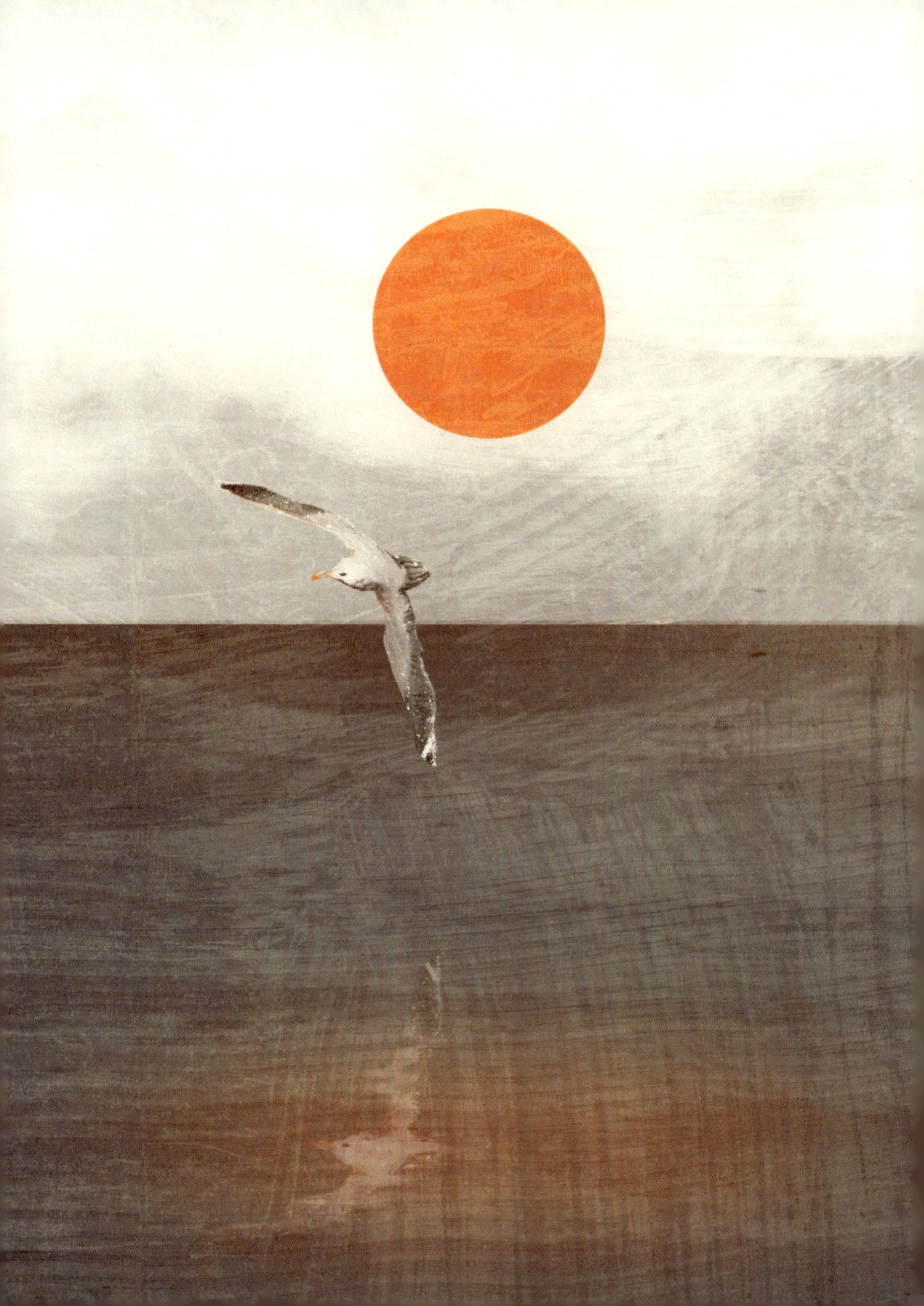

amortemorrecompoemanancial
amortemorrecompoemanancial
a**morte**morreco**mpoema**nancial
a**morte**morre**com**poe**manancial**
amortemorrecompoemanancial
amortemorrecompoemanancial

entusiasmo
 o org**a**nismo
   pira
  e a **alma**
  se **a**tira
  no **a**bismo
 do org**a**smo
     a
     a
     a
     a

CÍTARA

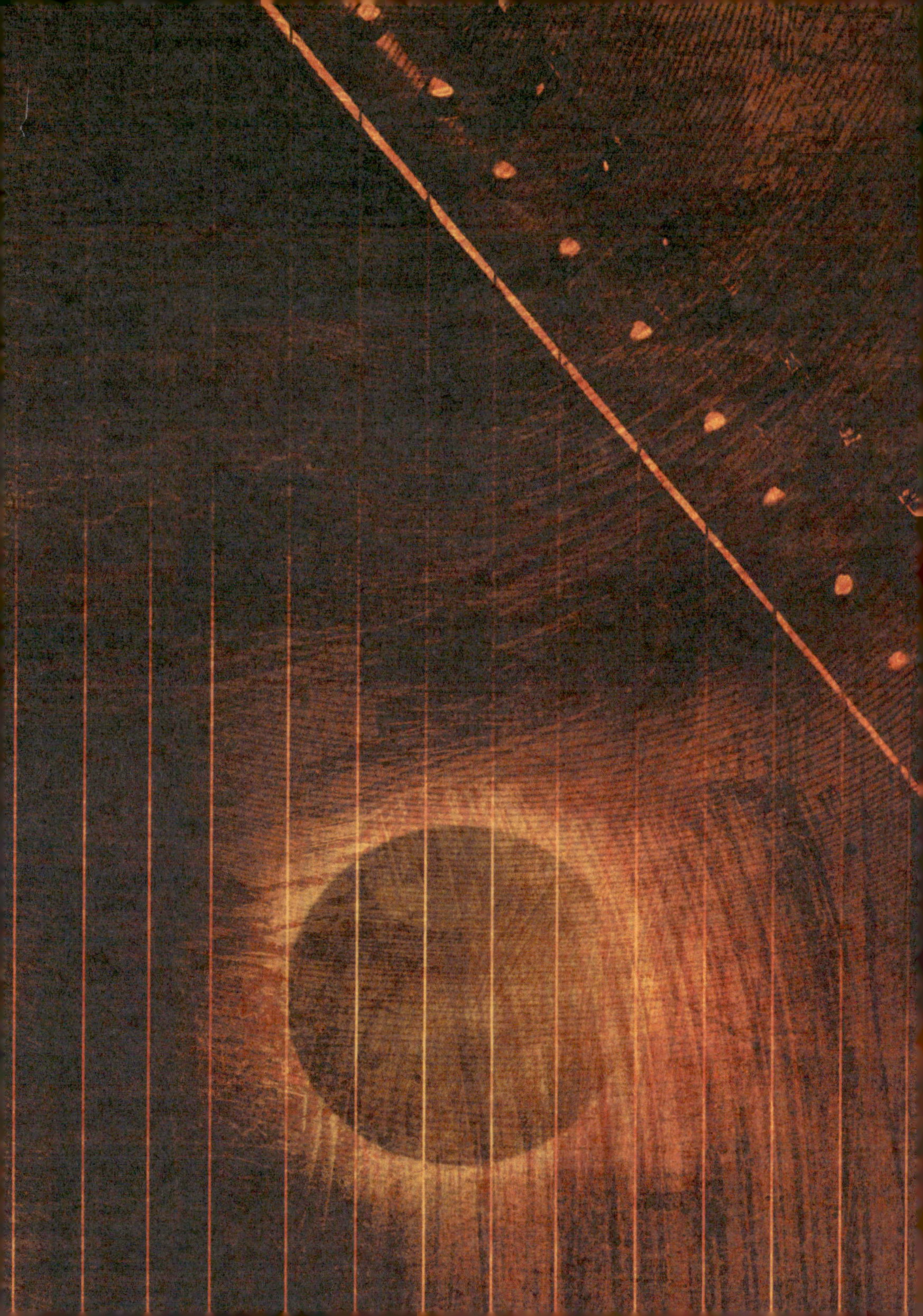

espreita

a gente quer só espreitar a madrugada
só chegar perto
sem tocar, fazer carinho
sem levar nada pra casa
nem fotografia
só espiar
por algum tempo
e depois respirar fundo
porque a gente não aguenta
é demais pra gente

por isso que é tão bonito

este abraço

me afasta de mim
te solta de ti
nos livra
de nós

concretamente

pensa
imensamente
densa
lentamente
valsa
intensamente
vaga
e de repente
larga

desperto adormecido

regresso sem ter partido
estou nu dentro do tecido

carro a carro, trilho a trilho
pouco a pouco recarrilho
reatrelo, revencilho

assim, recém-desamortecido
volto a me sentir sendo
eco do breve ter sido

fora de mim, do mundo
o profundo silêncio
é só alarido

vamos velejar?

respondo qualquer coisa
venta sonho adentro

triscamos azul e sal
através da grande água

a perseverança
é favorável

mão na mão

flutua
caminha
na rua

nada
é de cada
mão

chave flecha
almofada ímã lã

nada
é só
de uma
mão

amora caju
seriguela romã

tudo vinha
sem vão
na linha
da mão
na mão

açaí chopp
marzipã

mão nada:
alma
abraçada

CUÍCA

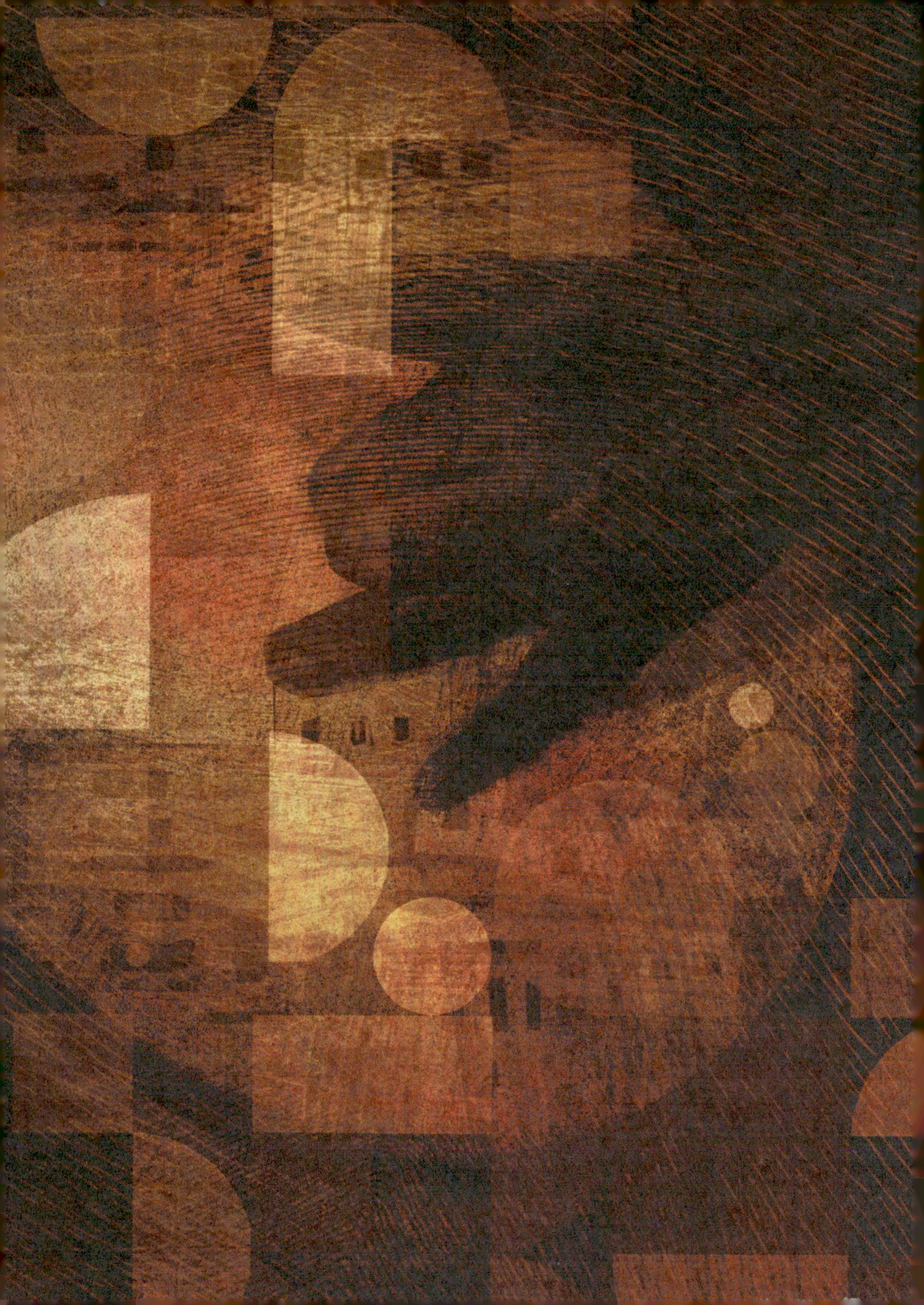

sextantes

odoyá, iemanjá dos navegantes
deus por deus dos odisseus delirantes
amirklynks em kon-tikis errantes
ó, atletas e poetas atlantes

magalhães sobre vagalhões gigantes
diadorins e miguilins aos berrantes
escudeiros, cavaleiros andantes
ó, camões, guimarães e cervantes

ó, pessoas em canoas distantes
zidanes, maradonas e arantes
colombos e quilombos e xavantes

temporais não são mais que instantes
as correntes, inocentes barbantes
nosso lar, além-mar, nunca dantes...

antes da coragem

fui
antes da vergonha
olhei
antes da morte
sambei

samba do olimpo

dentro do mar
tem uma chama acesa
que faz brilhar o céu no chão

me ajude a cantar
ó, musa da beleza
eu sou ninguém na imensidão

desponte esta noite
de trás do horizonte
e beba da fonte
e monte esse monte

um monte de titãs de heroicas pernas
que gingam no repique do tambor

um monte de composições eternas
de carlos, de nelson, de angenor

um monte de sonhos
e nostalgia
um monte de amores
e agonia
da apoteose
à melancolia
o riso e a dor
amanhecem poesia

o samba já nasceu
afrodite desceu e disse:
odisseu, eu também sou brasileira
senti um sopro divino ao subir a ladeira
o olimpo do samba é a mangueira

assembleia

desci da montanha
mochila e tudo
cara corada
fazendo vento
jazz a galope:
"presente!"

emergi do charco
de braços sedentos
e falsas urgências:
"presente!"

atravessei são paulo
leste a oeste
sem desperdiçar
uma palavra:
"presente!"

esgrimi essências
em branco e preto
à procura de um
inegável
triunfo:
"presente!"

adiei
além do tempo
a cilada
da descontradição:
"presente!"

requeri
licença especial
da penitenciária
por força maior:
"presente!"

pousei no fluir sereno
sonoro
das coisas com sentido:
"presente!"

e, todos aqui,
percuti o sinete:
"proponho pular os debates
(seriam surdos)
e proceder à votação:

quem sou eu?"

mascavo

teu corpo
ele disse
não
vai ser
de lugar
nenhum

no meio
do mato
que não
há mais
ficava
o país
mascavo
do avô
olavo
bisavô
dos meus
pais

um país
mascavo
fincado
no lombo
lanhado
do preto
escravo

o bisavô
olavo
era dono
do lombo
do preto
lanhado

era dele
aliás
tudo mais

dono
inteiro
do país
mascavo
que não
há mais

herdei
do bisavô
olavo
o trono
do país
mascavo
e o tronco
de lanhar
o lombo
do preto
bravo

o preto
lanhado
não veio

afundou
no morro
no meio
do mato
que hoje é pó

engrossou
o quilombo
do cafundó

tenho medo
da praga
que o mendigo
da praça
me rogou

cafundó
é no fundo
do morro
fincado
do lado
de trás
do forro
do mato
que não
há mais

cafundó
fica
dentro
do morro
mas longe
do centro

lá é meu
deserto

lá eu não
entro

tenho medo do preto bravo do cafundó. tenho
medo do cheiro de fumo, do barro vermelho e mole
do cafundó, medo da macumba, do defunto, da
carniça, da mutuca. tenho medo da sarna

tenho
medo
do rabo sem
corpo
da lagartixa
que estala e saracoteia
como chicote

que chicoteia
pula e ricocheteia
na parede
e no chão
cada vez
mais
fora
do corpo
sem rabo
da lagartixa
cotó

tenho medo
de que ainda reste
um
fio
que ninguém vê
dependurando
o corpo sem
rabo
no rabo sem
corpo

um fio
por onde
ondeie cada saracote
de cada chicoteio
do miolo até
a agulha da ponta do rabo

tenho medo da mandíbula de porco-do-
mato que grita no batuque preto do morro
do cafundó. tenho medo da gargalhada sem
dente da gente brava do cafundó

tenho medo
da praga
que o mendigo
da praça
me rogou

tenho medo de nunca
chegar nem no calo
do pé do batuque
do cafundó

tenho medo
de estar
na vida
errada

tenho medo
de ser
o
rabo
da lagartixa
cotó

tenho
medo
de morrer
escravo
do bisavô
olavo

NOTAS DO COMPOSITOR

Além dos poemas, o subtítulo deste livro (pensado justamente para eu conversar um pouco aqui com vocês) menciona outros três gêneros visitáveis pela poesia: palíndromo, longilogismo e canção. Cabe dizer algo sobre cada um deles, e começo pelo terceiro, que me permite um agradecimento adicional e imprescindível.

Dupla cidadania

A *canção* provavelmente é o mais conhecido desses gêneros. Nem que quisesse muito eu silenciaria a música destas páginas. Ela soa desde os versos generosamente presenteados pelo amigo compositor, ensaísta e professor José Miguel Wisnik na apresentação do livro (muito obrigado, querido Zé!). Soa na organização dos poemas, em "movimentos", cada um marcado por um diferente "solo" instrumental. E, antes de tudo, soa porque o subsolo de onde brota a própria poesia é todo permeado de som, como escavou profundamente em nossos primórdios o mestre Segismundo Spina no livro *A madrugada das formas poéticas*.
Soa como explosão, então, nos versos que já nascem colados em melodia. Por isso o "Samba do Olimpo" é aqui a única canção explícita. Porém (ai, porém!), essa contagem é mutável, ainda bem. Em 2018, o livro

Banhei minha mãe foi publicado também com muitos poemas e só uma canção. Depois, o singular virou plural, por obra do sensível compositor Rodrigo Bragança, que musicou outras páginas. Quero mais. Meu desejo é que alguns poemas de *Mascavo* também recebam essa dupla cidadania. Deve ser muito gostoso circular livremente tanto no reino dos poemas quanto no das canções.

Trem de palavras

Nem adianta procurar no dicionário nem na Wikipedia: Não tem. *Longilogismo* é o nome que inventei[1] para a velha brincadeira de construir um trem de palavras seguindo uma regra simples: deve haver um trecho comum que engate o fim de uma palavra no começo da outra. Um exemplo bem simples: a sequência de letras "dicio", no final de "desperdício" e no começo de "dicionário", gera "desperdicionário". Mas esse exemplo só serve para explicar. Longilogismo merece o nome quando é mesmo longo, como os que estão neste livro. Um deles, "levavalarvalapalavralavavel", é também um *palíndromo*, e assim chegamos ao jogo de palavras que volta e meia me afasta da órbita terrestre.

---

1 Tagarelei muito mais sobre essa terminologia no artigo de título longilogístico "Tamanhangabauhaustralopitecus", em *Laranja Original – Revista de Literatura e Arte*, nº 4, inverno 2020. São Paulo: Laranja Original, p 122-5.

Tintim por tintim

Palíndromo dispensa explicações. O difícil é fazer. Mas para minha mente obsessiva, o caso é ainda pior. Não basta ser palíndromo. Precisa ser radical[2], ou integral (cheguei a propor esta *hashtag* ao craque Ricardo Cambraia, @opalindromista). Palíndromos assim são aquelas frases reversíveis palavra por palavra, espaço por espaço, em perfeita simetria. Como o quadrado mágico latino SATOR AREPO TENET OPERA ROTAS, que reitera a frase em todas as dimensões possíveis.

S	A	T	O	R
A	R	E	P	O
T	E	N	E	T
O	P	E	R	A
R	O	T	A	S

Ou, em português, construções de ida e volta idênticas, como "assim a aluna anula a missa".
Esse rigor extremamente restritivo, que me assalta de tempos em tempos, em parte surgiu de uma demanda do meu pai, o exigente escritor João Carlos Marinho. Vale recuar algumas décadas para contar a história.

---

2 Abordei esse recorte do conceito no "Palíndromos radicais", em *Laranja Original – Revista de Literatura e Arte* nº 2, verão 2019. São Paulo: Laranja Original, p 112-5

Em *Berenice detetive*, aventura infantojuvenil que ele publicou em 1987, as crianças mantêm uma rádio pirata. Uma das atrações da programação é um concurso de palíndromos aberto ao público. Mas, como explica o personagem Pituca, não servia qualquer um:

"[...] Muitos ouvintes têm mandado palíndromos com a sílaba de uma palavra enfiando na outra, na volta para trás. É proibido, esses palíndromos foram desclassificados. [...]"[3].

Feito o aviso, os locutores leem os dois vencedores: "Morram após a sopa marrom" e "Liga: se sobes sebos, és ágil". Quem ganhou o concurso, na verdade, fui eu, ainda bem jovem, numa colaboração familiar. Após inúmeras tentativas, consegui chegar aos palíndromos necessários para a narrativa. O desafio paterno desencadeou (ou encadeou) as primeiras frases que saíram da minha cabeça para uma página impressa. E, desde então, os palíndromos – do tipo que Pituca nenhum desclassificaria – vêm e regressam, voltam e vão. Nunca mais saíram da minha vida. Entram até nos meus livros de poesia.

---

3 MARINHO, João Carlos. *Berenice detetive*. São Paulo: Global, 2007, 14ª ed., p 37.